Einbandgestaltung und Produktion:
Uwe Stohrer Werbung, Freiburg

Alle Rechte vorbehalten – Printed in Germany
© KeRLE im Verlag Herder
Freiburg im Breisgau 2007
www.kerle.de
Verlag Herder GmbH, D-79080 Freiburg

Druck und Einband:
Himmer, Augsburg 2007
ISBN 978-3-451-70651-6

Selber doof!

Richtig streiten ist nicht schwer

Eine Geschichte von Christine Merz
mit Bildern von Barbara Korthues

KeRLE
bei Herder

FREIBURG · Wien · Basel

An einem friedlichen Sonntagmorgen sitzt Pia am Küchentisch und malt mit Wasserfarben. Plötzlich fliegt die Tür auf und ihr Bruder Paul stürzt herein. Wütend packt er sie an den Haaren und zieht, so fest er kann. Pia kreischt auf. „Du sollst nicht immer an meine Schatzkiste gehen, die ist geheim!", schreit Paul. Da beißt Pia Paul in den Oberarm. Nun schreien beide.

Die Eltern kommen aus dem Wohnzimmer. „Was um alles in der Welt ist hier schon wieder los?", fragt Mama und Papa fügt hinzu: „Was soll dieses Geschrei?" Paul zeigt auf seinen Oberarm.

Pia sieht die Spuren ihrer Zähne und sagt trotzig: „Der Paul hat angefangen!"

Mama wehrt ab: „Ich will nicht wissen, wer angefangen hat. Ich will nur wissen, warum ihr euch
immer und immer streiten müsst!" Papa packt
Pia mit der einen Hand und Paul mit der anderen
Hand sanft an der Schulter und schiebt beide
ins Kinderzimmer.

„Warum ihr immer streiten müsst, das wüsste ich
auch gern!", sagt er. „Und darüber denkt ihr jetzt
zusammen nach. Wenn ihr uns sagen könnt, worüber
ihr immer streitet, sagt Bescheid. Vorher wird es
nichts mit dem Ausflug in den Zoo!"

„Papa hat nur keine Lust, in den Zoo zu gehen!", mault Paul,
als sie alleine im Kinderzimmer sind.
„Obwohl er es uns schon so lange versprochen hat!"
Pia sieht aus dem Fenster. Draußen scheint die Sonne und
es ist warm. „Und ich hab keine Lust, den ganzen Tag mit
dir im Kinderzimmer zu hocken!", sagt sie giftig zu ihrem
Bruder. Da zeigt Paul auf die Abdrücke auf seinem Arm
und sagt: „Du hast mich gebissen!"

Pia protestiert. „Und du bist auf mich losgegangen —
ohne Grund!"

„Ich hatte wohl einen Grund!", sagt Paul. „Weil du immer
in meiner Schatzkiste herumsuchst. Du hast es schon
wieder getan — ich hab's genau gesehen!"

Pia bekommt einen roten Kopf. Schnell lenkt sie ab.

„Denk an Papas Frage. Wir müssen alles sammeln, worüber
wir streiten, sonst können wir den Zoo vergessen."

Paul setzt sich auf den Boden. „Eine Sache weiß ich schon:
wenn du noch mal an meine Schatzkiste gehst, werde ich
stinksauer." Pia stöhnt: „Du mit deiner Kiste!"

Pia holt zwei Blätter Papier und zwei Stifte. Sie malt ein rundes Gesicht mit kurzen Haaren und mit tief heruntergezogenen Mundwinkeln.
„Das bist du!", sagt sie zu Paul, „wenn du sauer bist!"
Paul grinst. „Genau, und daneben malst du jetzt meine Schatzkiste!"
Pia verdreht die Augen, aber sie malt Pauls Schatzkiste.

„Jetzt bin ich dran!", sagt sie dann. „Ich bekomme Wut auf dich, wenn du bei Mama mal wieder was Süßes erbettelt hast und mir dann nichts abgibst. Wie gestern, du hast mir kein einziges von den sauren Drops gegeben." Paul malt auf sein Papier Pia als Strichfigur. Daneben zeichnet er ein Riesenbonbon.

„Du bist auch oft gemein zu mir!", sagt Paul dann.
„Wenn ich mit dir spielen soll, tust du erst so, als könnte
ich mitbestimmen. Aber dann muss doch immer alles nach
deinem Kopf gehen. Und wehe, ich mach nicht mit! Ich bin
aber nicht dein Diener!"
Pia malt sich und Paul im Kinderzimmer. Sie malt die Strichmännchen gleich groß. „Daran kann man sehen, dass wir
beide gleich sind!", sagt sie. „Obwohl ich ja älter bin als du!"

„Ich ärgere mich über dich", sagt Pia, „wenn wir gerade
prima spielen und dein Freund Jonny kommt. Schwupps,
bin ich auf einmal Luft für dich. Dann findest du Mäd-
chen blöd und ich soll euch in Ruhe lassen. Dabei würde
ich gerne auch mal mit euch Fußball spielen. Das kann ich
nämlich!"

„Nee!", sagt Paul entsetzt. „Das geht nicht. Das ist ganz
und gar unmöglich!"

Er malt das Fußballfeld und ein paar Strichmännchen, die
gerade spielen. An den Rand malt er Pia, die zuschaut. Er
zuckt die Achseln. „Es gibt Sachen!", sagt er, „die kann
man nicht ändern!"

Pia sieht sich die Zeichnungen auf dem Papier an.
„Fällt dir noch etwas ein?", fragt sie. Paul zuckt mit den Schultern.
„Manchmal streite ich einfach so!", sagt er, „ohne Grund — nur aus
schlechter Laune!" Pia nickt. „Stimmt. Das ist bei mir auch so.
Da macht es krach, bums und boing, und man weiß nicht warum.
Hinterher ist die schlechte Laune weg." Sie lacht. „Wahrscheinlich
ist sie beim Streiten geplatzt!"
Sie malt zwei Strichmännchen und dazwischen ein Feuerwerk.

Paul und Pia finden jetzt, dass sie genug Gründe für Streit gefunden haben. Sie gehen ins Wohnzimmer.

„Es sind nur fünf Sachen!", sagt Pia und gibt Mama das Papier mit den Zeichnungen. „So viel streiten wir gar nicht!", fügt Paul hinzu.

Mama lässt sich die Zeichnungen erklären, dann gibt sie sie an Papa weiter. „Na ja!", sagt sie. „Mich nervt besonders, dass ihr euch gegenseitig wehtun müsst."

„Aber wenn Pia an meine Schatzkiste geht, dann muss ich mich wehren", beschwert sich Paul. „Nur reden nützt bei Pia nichts!"

„Blödmann!", zischt Pia.

Papa guckt Pia ernst an. „Es gibt Streit, den kann man sehr wohl verhindern. Und dann sollte man das auch tun. Aber ich gebe zu, das gelingt nicht immer. Nur wäre es zumindest gut, ein paar Regeln zu haben, an die sich alle für den Fall des Streites halten!"

Paul fällt sofort etwas ein: „Regel Nummer eins heißt: beißen ist verboten!" Pia fügt hinzu: „Und Haare ziehen und boxen und schlagen und zwicken auch!"

Mama nickt. Sie sieht Pia an: „Und sich versöhnen gehört auch zu einem Streit, das müsst ihr wissen. Vor allem, wenn man dem anderen sehr wehgetan hat!"

Pia streckt Paul die Hand hin: „Tut mir Leid, dass ich so doll gebissen habe", sagt sie. Paul nickt. „Ist schon gut", antwortet er. „Aber denk daran: ich bin kein Schnitzel!"

Auf dem Weg in den Zoo fällt Mama etwas ein. „Über hässliche Worte,
die man in einem Streit sagen darf und die man nicht sagen darf —
darüber müssen wir noch reden!"
„Das machen wir morgen!", sagt Paul. „Das Wort mit A vorne und Loch
hinten fällt auf jeden Fall weg." Als sie vor dem Gatter mit den kleinen
Bergziegen stehen, sagt Pia zu Paul: „Guck mal, wie süß! Von mir aus
kannst du ‚Ziege' zu mir sagen, wenn du wütend bist."

Im Affenkäfig geht es turbulent zu. Die Affen jagen hintereinander her. Nicht immer sieht es aus wie ein Spiel. Pia zeigt auf zwei große Affen, die sich gegenseitig am Fell ziehen.

„He, Zwicken ist verboten!", ruft sie. „Ich muss euch wohl mal ein Plakat malen, auf dem ihr sehen könnt, was beim Streiten erlaubt ist und was nicht!"

„Gute Idee!", grinst Paul. „Wenn du das Plakat bis nächsten Sonntag fertig hast, gehen wir gleich wieder in den Zoo! Cool!"

In dieses Plakat kann jeder aus der Familie hinein-
malen oder -schreiben, wo er sich Rücksicht
wünscht und was er nicht leiden kann.
Frei nach dem Motto: Wenn du DAS
trotzdem tust, dann besteht Streitgefahr!